Christine Merz

Lea Wirbelwind
Geschichten zum Schulstart

© KERLE
in der Verlag Herder GmbH, Freiburg im Breisgau 2017
Alle Rechte vorbehalten
www.kerle.de

Logo: Betina Gotzen-Beek
Gesamtgestaltung: Veronika Preisler, München
Druck: Graspo, Zlin
Gedruckt auf umweltfreundlichem, chlorfrei gebleichtem Papier
Printed in the Czech Republic

ISBN 978-3-451-71290-6

Christine Merz

Mit Illustrationen
von Betina Gotzen-Beek

Freiburg · Wien · Basel

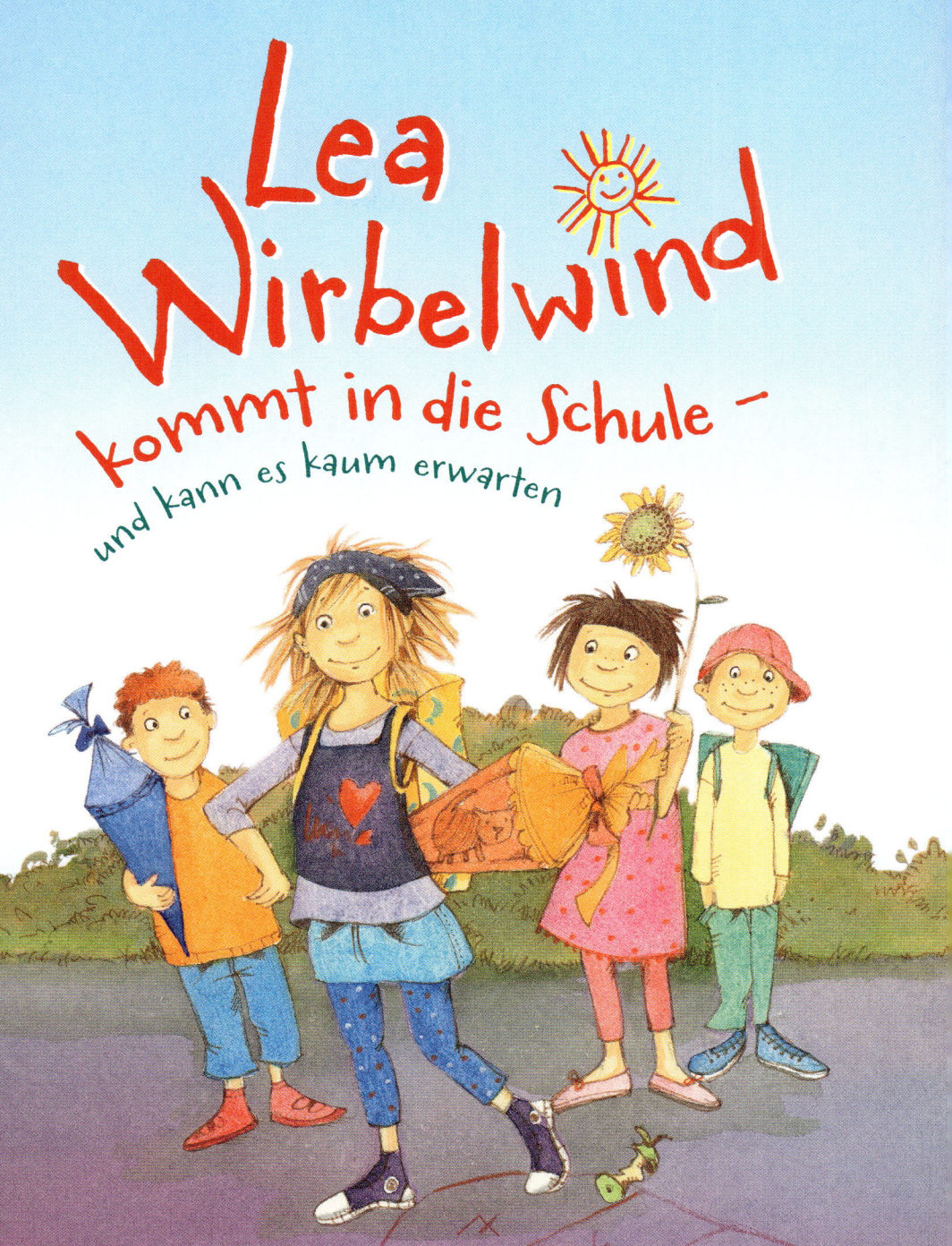

Inhalt

Lea Wirbelwind fühlt sich großartig
und rettet fast die ganze Welt
S. 13

Lea Wirbelwind muss zur Schuluntersuchung
und ist erst bange und dann stolz
S. 21

Lea Wirbelwind hat einen
ganz und gar schlechten Tag,
macht dann aber doch noch
viele Purzelbäume
S. 31

Lea Wirbelwind erlebt einen
aufregenden 6. Geburtstag
und feiert eine ziemlich nasse Pyjamaparty
S. 41

Lea Wirbelwind kommt in die Schule
und hat für ihre Klasse eine supergute Idee
S. 53

Lea Wirbelwind fühlt sich großartig

und rettet fast die ganze Welt

Heute ist ein großartiger Tag. Lea Wirbelwind spürt es schon beim Aufwachen. Sie fühlt sich groß und stark. Es ist aber auch einfach toll, wie alles klappt bei ihr. Gestern Abend hat sie Papa beim Memoryspielen viermal besiegt. Und Mama war völlig platt, als Lea erzählt hat, dass sie im Kindergarten beim Rechenspiel bei den Ersten war. Obwohl es im Kindergarten so langsam langweilig ist. Alles pipileicht!
Hoffentlich gibt es bald Sommerferien. Und danach, danach kommt Lea endlich in die Schule!
Lea schlürft grade den letzten Schluck Kakao aus der Tasse, da klingelt es an der Haustür, und Oma Arnold streckt den Kopf zur Türe hinein!

„Entschuldigt die frühe Störung!", sagt sie, „aber ich kann meinen Kellerschlüssel nicht finden. Er ist wie vom Erdboden verschluckt!"
Mama verspricht Oma Arnold, dass Papa am Abend vorbeikommt und versuchen wird, das Schloss aufzukriegen. Der weiß da einen Trick!
Oma Arnold seufzt, und Lea merkt genau, dass sie so lange nicht warten will.
„Ich kann ja mal nach dem Schlüssel suchen!" sagt sie. „Ich finde ihn bestimmt!"
Und schon ist sie aus der Tür. Lea geht in Omas Wohnung und legt sich im Flur flach auf den Bauch. Unterm Garderobenschrank ist schon mal nichts. Dann guckt sie in die Schubladen und schüttelt danach alle Schuhe von Oma Arnold aus. Nirgendwo ein Schlüssel.
„Ich seh mal in der Küche nach", ruft sie.
Oma Arnold zuckt mit den Schultern: „Ach Kind, da hab ich doch überall schon gesucht!"
„Mhhhh!", macht Lea und runzelt die Stirn.
Dann fällt ihr etwas ein: „Wann warst du das letzte Mal im Keller?", fragt sie.

„Vorgestern!", antwortet Oma Arnold.
„Und was hast du da gemacht?"
„Na, die leeren Saftflaschen runtergebracht", sagt Oma, „das weiß ich genau, weil in der einen noch Saft war. Das hab ich zu spät gemerkt und mir die ganze Schürze vollgekleckert!"
Aha! Lea lacht.
„Und wo ist die Schürze jetzt?" Oma Arnold zeigt auf die Wäschebox mit der Schmutzwäsche. Lea springt hin …
„Ta-ta-ta-ta!", tönt sie und zieht den Kellerschlüssel aus Omas Schürzentasche. „Ich wusste ja, dass ich ihn finde!"

Jetzt wird es aber Zeit, dass Lea loskommt.
Als sie bei Marie Sturm klingelt, macht nur
Maries Mama auf.
„Marie ist schon weg!", sagt sie. In diesem
Augenblick krabbelt eine große schwarze
Spinne zur Haustür hinein.
„Iiiiihhh!", ruft Maries Mama und verzieht das
Gesicht. „Eine Spinne, die kann ich gar nicht
leiden. Und dann noch im Haus!"
„Soll ich sie fangen?", fragt Lea.
Lea holt ganz cool aus ihrem Kindergarten-
rucksack ihre Sporthose, schleicht sich an die
Spinne ran und wirft sie über das Krabbeltier.
Nun nimmt sie die Hose vorsichtig auf, damit
die Spinne nicht rausfällt, und trägt sie rasch
nach draußen. Ausschütteln, fertig!
Die Spinne verschwindet im Rasen, und Maries
Mama ist glücklich.

„Ich bin eine gute Tierretterin", murmelt Lea vor sich hin, „und eine gute Sachenfinderin bin ich auch noch!" Und sie hüpft vergnügt den ganzen restlichen Weg bis zum Kindergarten.
Dort ruft Frau Specht gerade die Vorschulkinder zusammen. „Der Winter ist für dieses Jahr wohl endgültig vorbei", sagt sie, „da könnten wir heute schon mal den Gartenschuppen auslüften. Wer mag mithelfen?"
Natürlich ist Lea dabei. Sie fährt zusammen mit Marie und Ferdi die Dreiräder raus.
„Krach" – der große Berg mit den Sandspielsachen ist zusammengebrochen und versperrt den Weg. Lea hat keine Lust, die vielen Schaufeln, Förmchen und Eimer wieder ins Regal zurückzuordnen. Sie holt kurzerhand den Bollerwagen und ruft: „Bitte alles einladen, der Zug fährt gleich ab!"
Im Nu räumen die Kinder die Sandsachen auf den Wagen, und der Sandspielzeug-Güterzug fährt zur Türe hinaus. Wenig später ist der Schuppen so gut wie leer.

„Ihr wart mir eine prima Hilfe", sagt Frau Specht. „Jetzt gibt es eine kurze Pause, und ihr könnt zu den andern Kindern spielen gehen. Ich muss ein wichtiges Telefonat führen, danach fege ich den Schuppen aus und wir können alles wieder einräumen!"

Lea bleibt unschlüssig stehen. „Fegen kann ich auch!", sagt sie zu Ferdi und nimmt sich den Strohbesen, der an der Wand lehnt.

„Ich auch!", grinst Ferdi. Er schnappt den Schneeschieber und schiebt damit ein paar alte Plastiktüten, die noch in der hinteren Ecke liegen, zur Türe hinaus.

Lea stutzt. Da wo die Tüten waren, liegt ein handtellergroßes braunes Gebilde. Was kann das sein? Verfaulte Äpfel? Ein stinkiger Lappen? Oder etwa Hundekacka? Lea rümpft die Nase.

In diesem Augenblick kommt Ferdi zurück.

Da entdeckt auch er das braune Teil. „Igitt, ein Viech!", brüllt er und geht einen Schritt zurück. Ein Tier? Lea dreht sich um. Wenn es ein Tier ist, muss sie sich darum kümmern, das ist klar. Sie geht näher und da erkennt sie es genau.
„Es ist ein Frosch", sagt sie, „oder eine Kröte."
„Warte!", ruft Ferdi aufgeregt. „Ich erschreck sie. Dann haut sie bestimmt ab!" Er stampft mit dem Fuß auf den Boden und lässt einen Schrei los.
„Hör sofort auf!", sagt Lea empört. „Die arme Kröte kriegt doch Angst."
„Dann schubse ich sie eben mal mit dem Schieber an!", meint Ferdi. „Damit sie sich bewegt!"
Lea geht in die Knie und sieht der Kröte in die goldenen Augen. „Hab keine Angst", sagt sie leise. „Hüpf einfach dort rüber, dann bist du draußen!" Lea zeigt auf die offene Schuppentür. Und tatsächlich, die Kröte macht einen großen Satz und noch einen und noch einen. Sie hüpft zur Schuppentüre hinaus und verschwindet im Gebüsch.

Ferdi staunt.

„Meinst du, die hat dich verstanden?", fragt er.

Lea zuckt mit den Achseln.

„Vielleicht", sagt sie. „Auf jeden Fall geht es ihr gut. Bestimmt ist sie schon zu ihrer Familie gehüpft!"

Lea Wirbelwind fühlt sich großartig. „Wenn wir mit der Schule fertig sind", sagt sie zu Marie, „werden wir am besten Tierforscherinnen. Dann können wir zusammen die Tiere auf der ganzen Welt retten."

Lea Wirbelwind muss zur Schuluntersuchung

und ist erst bange und dann stolz

Es hat die ganze Nacht geregnet. Lea Wirbelwind zieht die Gummistiefel an und schlurft damit langsam durch die Pfützen. An der Ampel trifft sie auf Marco, der zur Schule geht.
„Hey Lea!", sagt Marco. „Kommst du heute Mittag zum Rollerfahren raus?"
Lea schüttelt den Kopf: „Nee, geht nicht. Ich muss zum Kinderarzt!"
„Bist du krank?", fragt Marco. Aber Lea ist nicht krank.
„Nein!", sagt sie. „So was wie Schuluntersuchung!"
Da grinst Marco, und er will ein bisschen angeben. Schließlich geht er schon in die zweite Klasse! „Bist du denn schon überhaupt sechs?", fragt er.

„Nein!", sagt Lea trotzig. „Aber bald. Im Juni, da hab ich Geburtstag."
Marco macht ein wichtiges Gesicht und sagt cool: „Na hoffentlich nehmen sie dich. In der Schule muss man auf einem Bein rückwärtshüpfen können! Kannst du das?"
In diesem Augenblick springt die Ampel auf Grün, und Marco saust wie der Wind davon.
Im Kindergarten basteln die Vorschulkinder heute an ihrer Schultüte. Maries ist hellrosa mit vielen Herzen. Lea hat sich für eine schwarz-weiße Katze auf einer hellblauen Tüte entschieden. Den Kopf hat sie schon fertig. Aber bis die Beine und der Bauch ausgefüllt sind, muss sie noch viele Papierfitzelchen aufkleben.
Da kommt Charlotte. „Guckt mal", sagt sie und reißt den Mund auf. „Mein Zahn ist raus! Heute Morgen hat er ganz doll gewackelt, und dann hat ihn die Mama rausgemacht. Hat nur ein ganz klein bisschen geblutet."

Marie nickt heftig: „Bei mir wackelt auch einer", sagt sie, „bestimmt geht der morgen raus!"
Lea sagt nichts. Sie starrt auf ihre Katze. Ein einziger schrecklicher Gedanke geht ihr durch den Kopf: Ob man einen Wackelzahn haben muss, wenn man in die Schule kommt? Bei ihr wackelt nämlich gar nichts! Kein einziger Zahn, nicht mal ein bisschen.
Lea macht das Winzige-Fitzelchen-Kleben keinen Spaß mehr. Blöde Schultüte! Sie reißt größere Papierfetzen ab. Damit wird die Katze schneller fertig.
Frau Specht kommt an den Tisch und sieht sich die Klebebilder der Kinder an.

„Wenn du kleinere Fitze nimmst, wird dein Kätzchen noch schöner", sagt sie zu Lea, „Aber Geduld hast du ja nun nicht so viel. Das musst du noch in der Schule lernen!"
Lea fühlt sich klein und unsicher. Und heute Mittag noch die blöde Untersuchung.
Nach dem Kindergarten verschwindet Lea ganz schnell ins Kinderzimmer. Sie stellt sich vor den Spiegel und prüft noch mal alle Zähne. Jeden einzelnen packt sie an. Aber kein einziger macht auch nur einen winzigen Ruck.
Lea seufzt. Dann fällt ihr Marco ein. Und dass er sagte, man müsse auf einem Bein rückwärtshüpfen können, wenn man in die Schule will.
Das muss sie jetzt gleich mal probieren. Rechtes Bein auf der Stelle hüpfen – das geht. Aber rückwärts klappt es nicht. Jetzt das linke Bein.

Auf der Stelle hüpfen geht auch. Aber rückwärts? Nein, Lea landet direkt auf ihrem Po. Enttäuscht bleibt sie am Boden sitzen. Am Ende stellt die Ärztin heute fest, dass sie noch nicht in die Schule darf? Weil sie nicht rückwärtshüpfen kann und kein Zahn wackelt. Marie, Charlotte Ferdi, alle Großen im Kindergarten werden eingeschult. Nur sie nicht. Die sind ja auch alle schon sechs. Lea hat als Letzte Geburtstag. Irgendwie ist das gemein …

Lea nimmt die Kuscheldecke und wickelt sie sich um. „Am besten geh ich gar nicht hin zu der Ärztin", denkt sie. „Mir tut sowieso der ganze Bauch weh!"

In dem Augenblick kommt Mama ins Kinderzimmer. „Lea-Kind!", sagt sie. „Mach dich fertig."

„Ich kann nicht!", jammert Lea. „Ich hab Bauchweh!"

Mama streichelt ihr über den Kopf. „Ehrlich?", fragt sie. „Du Armes. Aber dann ist es ja grad gut, wenn wir zur Ärztin gehen!"

Zu dumm, daran hat Lea nicht gedacht.

Lea geht im Wartezimmer nicht in die Spielecke
für Kinder. Sie setzt sich auf den großen Stuhl
neben Mama und denkt nach. Wenn Mama
sie früher auf die Welt gebracht hätte ... Aber
da ist ja jetzt leider nichts mehr zu machen.
Lea steckt heimlich den Finger in den Mund.
Sie könnte ja versuchen, an einem Zahn ein
wenig herumzureißen? Vielleicht wackelt er
dann mal endlich.
Da geht die Tür auf und sie ist dran. Lea staunt.
Die Ärztin hat heute gar keinen weißen Kittel an.
„Hallo, Lea! Du bist ja mächtig gewachsen, seit
ich dich das letzte Mal gesehen habe. Sag mal,
stimmt das, was in meinen Unterlagen steht,
dass du im Juni Geburtstag hast?"
Lea nickt. „Am 21ten", sagt sie und fügt schnell
hinzu: „Da werd ich sechs!"
„Das richtige Schulalter", nickt die Ärztin. „Wo
magst du dich hinsetzen?"
Lea sieht sich um. Außer dem großen Stuhl am
Schreibtisch gibt es einen kleineren Tisch
mit vier verschiedenfarbigen Stühlen.

Lea sucht sich den roten aus.

„Prima!", sagt die Ärztin und setzt sich auf den gelben. Sie fasst in ihre Tasche, zieht drei Würfel raus und lässt sie auf den Tisch kullern. „Weißt du, welcher oben die meisten Punkte zeigt?", fragt sie.

Lea antwortet blitzschnell: „Na, der da! Das ist ein Fünfer, die beiden andern haben nur zwei und vier!"

„Du bist aber fix!", lacht die Ärztin. „Dann lass uns mal eine Runde würfeln."

Lea spielt mit der Ärztin drei Runden und gewinnt alle.

„Mach dir nichts draus!", tröstet sie die Ärztin, „beim nächsten Kind gewinnst du bestimmt wieder!"

Die Ärztin lacht und gibt Lea allerhand kleine Aufträge: auf einem Papier die gleichen Figuren rausfinden, einen Stern ausschneiden und eine Linie fertig zeichnen.

Dann fragt sie: „Wie geht wohl der Satz zu Ende: ‚Wir haben einen Hund zu Haus, der wohnt …'"

„… in einem Hundehaus!", platzt Lea heraus und denkt sich: „Ist doch pipileicht!"

Die Ärztin untersucht Lea, wiegt und misst sie und fragt dann: „Hüpfst du denn gerne?"

Lea denkt: „Jetzt kommt's!", und guckt mit großen Augen.

„Hüpf einfach mal drei Hüpfer auf dem rechten Bein und danach drei auf dem linken Bein!"

Lea bleibt das Herz fast stehen. Dann hüpft sie dreimal rechts und dreimal links. Ein bisschen wackelt sie dabei, aber sonst klappt's.

„Prima!", lobt die Ärztin. „Du bist fit. Nach den Sommerferien kannst du in die Schule."

Lea guckt verdutzt. War das jetzt wirklich alles? Dann war ihre ganze Angst ja umsonst. Nein, das will sie jetzt genau wissen.

„Und was ist mit Rückwärtshüpfen? Auf einem Bein?", fragt sie.

Die Ärztin fragt zurück. „Was meinst du?"

„Na, in der Schule muss man doch auf einem Bein rückwärtshüpfen können!", erklärt Lea.

„Davon weiß ich nichts!", sagt die Ärztin verwundert. „Ich weiß nicht mal, ob ich das kann!"

„Dann probier's doch mal!", fordert Lea die Ärztin auf.

Die kullert ein bisschen mit den Augen und zeigt auf ihre Stöckelschuhe.

Lea weiß sofort Rat. „Du kannst sie ja ausziehen!", schlägt sie vor.

Die Ärztin streift die Schuhe ab und hüpft auf einem Bein dreimal vor, zweimal zurück. Beide Mal wackelt sie ein bisschen, aber es klappt. „Na ja", sagt sie, „gar nicht so einfach. Aber mit sechs muss man das auf keinen Fall können!"
Lea ist vogelleicht zumute. All ihre Sorge war umsonst. Sie ist so, wie sie ist, richtig und darf in die Schule. Und Lea Wirbelwind hüpft stolz und vergnügt nach Hause. Vorwärts natürlich!

Lea Wirbelwind hat einen ganz und gar schlechten Tag,

macht dann aber doch noch viele Purzelbäume

„Bald bin ich ein Schulkind", denkt Lea Wirbelwind beim Aufwachen, „aber heute noch nicht. Heute ist erst mal Verkleidungstag im Kindi!"
Lea überlegt, welches Kostüm sie sich aussuchen wird. Meistens weiß sie das ja schon zwei Tage vorher. Aber diesmal ist ihr noch nichts eingefallen. Auch jetzt hat sie irgendwie keine Idee. Da streckt Mama den Kopf zur Türe rein: „Guten Morgen, liebe Lea! Es ist Zeit zum Aufstehen!"
Lea zieht die Decke über den Kopf. Aber Mama krabbelt mit der Hand unter die Decke und zieht sie dabei weg.
„Komm, Lea-Kind! Mach keinen Zauber!"
„Grrrrrrr", faucht Lea.

Dann sagt sie bestimmt: „Ich will aber noch kuscheln!"

„Geht heute nicht!", sagt Mama, „ich muss ins Büro. Komm, ich helf dir beim Anziehen!"

Das passt Lea nun überhaupt nicht. „Nein!", brüllt sie. „Das kann ich allein!"

Als Mama draußen ist, geht Lea erst einmal an den Schrank. Sie hat die ollen Wintersachen satt. Sie will heute etwas anderes anziehen. Ahhh – im obersten Regal liegt die knallrote kurze Sommerhose. Genau, auf die hat Lea große Lust!

Sie schiebt den Stuhl an den Schrank, klettert darauf und stellt sich auf die Zehenspitzen. Mit Müh und Not kann sie einen Zipfel vom Kleiderstapel erwischen. Wusch – liegt der ganze Stoß Sommerhosen am Boden. Auch die kurze rote Hose. „Sehr gut!"

„Wie siehst du denn aus?", fragt Mama entsetzt, als Lea in die Küche kommt. „Die Hose kannst du auf keinen Fall anlassen."

„Kann ich wohl!", sagt Lea und setzt sich auf die Eckbank.

Mama holt tief Luft: „Du bist bald sechs Jahre alt, Lea, und weißt genau, dass die Hose noch viel zu dünn ist. Außerdem sieht sie mit der Strumpfhose darunter ganz und gar unmöglich aus!"

„Ich finde, sie sieht schön aus!", sagt Lea trotzig und bläst mit dem Trinkhalm ein paar wilde Blasen in den Kakao.

„Egal, so gehst du jedenfalls nicht in den Kindergarten!", bestimmt Mama. Sie holt Leas Jeanshose von gestern und legt sie auf den Stuhl.

„Ich hab keine Lust, die blöde Jeans anzuziehen!", mault Lea vor sich hin, lässt sich auf den Boden plumpsen und kriecht unter den Tisch.
„Blöder Tag!", sagt sie. „Dann bleib ich eben hier hocken." Lea betrachtet die Küche durch die Stuhlbeine hindurch. Sie sieht Mamas Füße in den Hausschuhen hin und her laufen.
Schließlich geht Mama raus an die Garderobe. Sie zieht sich an und tut, als wäre Lea nicht da. Dann ruft sie: „Ich geh jetzt! Tschüs Lea."
Lea Wirbelwind kriecht unter dem Tisch hervor, kickt ihre Hausschuhe aus dem Weg und schlüpft ratzfatz aus der Sommerhose raus und in die Jeanshose rein. Jetzt noch Jacke und Schuhe.
Mama packt sie am Ärmel. „Zuerst noch Zähneputzen!", sagt sie streng.
Puhhh – auch das noch! Lea stapft ins Bad, schrubbt zweimal über ihre Zähne, pfeffert dann die Bürste hin, wirft Mama ein Handküsschen zu und macht, dass sie loskommt.
Marie, ihre beste Freundin, wartet schon an der Haustür Nr. 7 auf Lea.

„Wir müssen uns beeilen", sagt sie, „heute ist Verkleidungstag. Sollen wir Ritterburg spielen? Wir könnten uns als Ritterfräuleins verkleiden."
„Neee!" Lea schüttelt den Kopf. „Keine Lust."
„Was dann?", fragt Marie. „Vielleicht Löwenfamilie oder Zirkus?"
Lea findet beides doof. Aber es will ihr heute nichts einfallen, was ihr Spaß machen könnte.
Im Kindergarten werden sie von Ferdi begrüßt. Er wedelt mit einem feinen Stoff herum.
„Machst du eine feine Dame heute?", fragt er Lea, „eine stinkfeine?" Er hält sich die Nase zu und lacht sich krumm.
Lea mag Ferdi gern, aber heute hat sie keine Lust auf Späße.
„Nee!", sagt sie patzig. „Kannst du ja machen!"
„Niemals!", brüllt Ferdi. „Ich werde heute ein Räuber!"
Lea überlegt. Räuber, das wäre vielleicht auch etwas für sie …

In diesem Augenblick kommt Frau Specht. Die Vorschulkinder drängeln in den Theaterraum. Jeder will der Erste sein. Aber Frau Specht erklärt erst noch mal die Regel: „Ihr wisst Bescheid!", sagt sie. „Jeder sucht sich ein Kostüm aus. Überlegt euch gut, was ihr spielen wollt. Ihr wisst, noch mal umtauschen gibt's nicht!"
Lea Wirbelwind sucht mit den Augen das Regal nach dem großen schwarzen Räuberhut ab. Ah, da drüben. Sie will hin, aber Ferdi ist schneller als sie. Er schnappt sich den Hut und greift nach dem karierten Räuberhemd.
„Mist!" Lea ärgert sich. Jetzt weiß sie wieder nicht, was sie machen soll. Marie und Charlotte haben sich schon entschieden. Charlotte verkleidet sich als Clown, Marie ist Seiltänzerin und dressiert Pferde. Sie wollen Zirkus spielen.
„Mach doch auch mit!", sagt Marie, „das macht Spaß!"

Aber Lea hat keine Lust auf Zirkus. Sie wollte Räuber werden. Zu dumm, dass es nur ein Räuberkostüm gibt. Da fällt ihr etwas ein: Es gibt ja noch Seeräuber. Genau! Seeräuber wäre auch cool. Aber – och nee, wie gemein! Marco hat die Augenklappe schon aus der Kiste geholt. So was Blödes!

„Grrrrr!" Lea streckt ihre Hände wie Krallen in die Luft und guckt so grimmig, wie es nur geht. Heute klappt auch gar nichts. Wütend kickt sie mit dem Fuß nach dem Glitzertuch, das zu Maries Kostüm gehört.

Marie hebt es auf und versucht, Lea zu besänftigen: „Wenn du willst, kannst du ja den Zirkusdirektor machen!", schlägt sie vor.

Aber Lea passt heute gar nichts. Sie hat einen ganz und gar schlechten Tag.

Im Raum wird es stiller. Fast alle Kinder haben sich inzwischen verkleidet und spielen draußen. Lea sitzt bockig auf der Bank und betrachtet von dort aus die Regale mit den Kostümen. Und da kommt ihr eine Idee.

Es dauert nicht lange, da fliegt die Tür zum Gruppenraum auf und hinein springt ein kleines wildes Wesen. Es ist Lea Wirbelwind. Sie hat sich die rote Zipfelmütze tief ins Gesicht gezogen und den schwarzen Teufelsumhang von Fasching um die Schultern gelegt. An den Füßen trägt sie dicke Rutschsocken, die ihr bis über die Knie gehen. Aber was spielt sie da? Die Kinder sehen ihr verwundert zu, wie sie mit großen Sprüngen im Kreis herumhüpft.
Dann bleibt das wilde Wesen stehen und ruft: „Heute back ich, morgen brau ich, übermorgen hol ich mir der Königin ihr Kind! Ach wie gut, dass niemand weiß, dass ich Rumpelstilzchen heiß!"
Jetzt lachen die Kinder! Und sie klatschen Applaus, weil Lea Rumpelstilz ein großer Sprung in die Luft gelingt.
Das gefällt dem wilden Wesen, es steigt auf den Stuhl und springt mit einem Schrei hinunter. Und gleich noch mal. Beim dritten Mal macht es einen Plumps, und Lea Rumpelstilz landet auf dem Po.

Die Kinder erstarren. Was wird das Rumpelstilzchen jetzt tun? Noch wütender werden? Lea sieht in die verdutzten Gesichter – und muss lachen! Alle Kinder lachen mit.
„Ich glaube, das Rumpelstilzchen sollte besser auf der Matte im Bewegungsraum seine wilden Sprünge machen!", schlägt Frau Specht vor. „Da tut es nicht so weh, wenn es von hoch oben herunterkommt!"

Lea strahlt. Auf der großen Matte hüpft es sich supergut, und Lea Wirbelwind hüpft alle Wut und schlechte Laune aus sich raus. Später spielt sie im Rumpelstilzchenkostüm beim Zirkus mit. Sie schlägt Purzelbäume und treibt Schabernack mit Clown Charlotte und Seiltänzerin Marie. Das macht viel Spaß, und der Tag ist gerettet.

Auf dem Heimweg sagt Lea Wirbelwind zu Marie: „Es ist ja nur gut, dass sie in der Schule eine große Turnhalle haben. Falls jemand mal einen Rumpelstilzchentag hat!"

Lea Wirbelwind erlebt einen aufregenden 6. Geburtstag
und feiert eine ziemlich nasse Pyjamaparty

„Ich bin innendrin so hibbelig", sagt Lea Wirbelwind zu Marie, als der Kindergarten zu Ende ist, „ich muss mal ein bisschen rennen. Rennst du mit?" Sie hält mit einer Hand die Geburtstagskrone auf ihrem Kopf fest, mit der andern drückt sie das Fotoalbum, das sie von Frau Specht zum Geburtstag bekommen hat, an die Brust. Dann läuft sie los.

Außer Atem kommt sie daheim an. Auf der Terrasse ist der festliche Kaffeetisch gedeckt, und auf dem kleinen Schrank im Wohnzimmer stehen die Geschenke. Am liebsten würde Lea die bunten Päckchen sofort auspacken. Geht aber nicht!

Erst kommt die Gratulation mit Geburtstagslied und Hochlebenlassen. Und dann Kaffee und Kuchen! Lea beeilt sich und trinkt die Tasse Kakao in einem Zug leer. Leider nutzt das nichts. Die Erwachsenen trödeln, als gäbe es nichts Aufregenderes als Kaffeetrinken. Gerade nimmt sich Oma Arnold noch mal ein Stück Torte. Lea juckelt ungeduldig auf dem Stuhl hin und her. Endlich sagt Papa. „So, Geburtstagskind, ich denke, jetzt kannst du mal g a n z langsam anfangen mit dem Geschenkeauspacken!"
Lea funkelt Papa mit ihren blauen Augen an: „Langsam geht nicht!", sagt sie empört, „ich hab so lange auf diesen Geburtstag gewartet! Sechs Jahre! Denk mal an!" Lea springt auf, schnappt sich die Schere und schneidet ratzfatz das Geschenkband vom kleinsten Päckchen auf.
Es sind quietschbunte Ringelsocken von Oma Arnold. Genau solche, wie sie Lea gefallen. Danach kommt ein Schulalbum für ihre neuen Schulfreunde, eine rote Tasse und dann das Päckchen, das Tante Lissi mit der Post geschickt hat.

Lea reißt ungeduldig an dem dick verklebten Packpapier. Heraus kommt eine große gelbe Hupe fürs Fahrrad. Cool!
Jetzt kommt das große Paket dran. Lea weiß schon, was da drin ist. Ihr Schulranzen! Aber welcher wird es sein? Der mit den Elfen, der mit den bunten Herzchen oder der mit den hüpfenden Delfinen? Lea konnte sich einfach nicht entscheiden, welchen sie sich wünschen soll. Da haben ihn Mama und Papa alleine ausgesucht! Lea ist total zappelig, denn jetzt – jetzt weiß sie es auf einmal ganz genau: Den mit den Herzchen will sie auf keinen Fall. Und den mit den Elfen auch nicht. Aufgeregt reißt sie das Geschenkpapier ab – und strahlt. Es ist der mit den hüpfenden Delfinen.

„Genau der Richtige!", ruft sie und drückt Mama und Papa ganz fest. „Danke, danke!"
Sie setzt den Schulranzen auf und geht damit vor dem Spiegel auf und ab. Lea als Schulkind – fühlt sich supergut an! Da fällt ihr Blick auf den Glücksmarienkäfer, den sie heute Morgen von ihrer besten Freundin Marie bekommen hat. Und es fällt ihr ein, dass der Geburtstag noch gar nicht zu Ende ist. Das Beste kommt ja noch: die Pyjamaparty. Lea durfte vier Kinder dazu einladen. Sie machen eine Nachtwanderung und übernachten alle zusammen im Wohnzimmer. Fünf Kinder auf einem großen Matratzenlager ... Lea kann es kaum erwarten ...

Endlich klingelt es. Draußen steht Marie, und gleich drauf kommen auch schon Ferdi, Jonas und Charlotte, alle vollgepackt mit Schlafsäcken, Iso- und Luftmatratzen.
Als Erstes bauen die Kinder das Matratzenlager auf.

Sie schleppen Decken und Kissen herbei. Es ist ein Gerangel, Gekicher und Gelache.
Dabei sieht Lea aus dem Fenster. Draußen ist es noch taghell, ein richtig schöner Sommerabend.
„Ist ja gar keine Stimmung für eine Pyjamaparty", murmelt sie und lässt kurzerhand die Rollläden runter. Jetzt ist es schön schummrig im Wohnzimmer.
Und schon fliegt das erste Kissen durch die Luft. Klar, das war Ferdi. Lea schnappt sich ein Sofakissen und wirft es zurück. Eine große Kissenschlacht kommt in Gang, Kissen fliegen hin und her, Kinder purzeln über- und umeinander. Da – ein neues Kissen surrt durch die Luft. Papa hat sich eingeschlichen!
„Das kann ja wohl nicht wahr sein!", ruft Lea. „Papa, du frecher!"
Die Kinder zielen jetzt alle auf Papa. Der fängt die Kissen blitzschnell auf, sammelt sie hinter sich und gibt sie nicht mehr raus. Na warte! Lea kriecht heimlich von der Seite auf Papa zu und packt ihn an den Beinen.

„Hilfe! Ein Riesenkäfer!", brüllt Papa und will Lea abschütteln. Die klammert sich fest. Die andern Kinder kommen ihr zu Hilfe. Schließlich hängen alle wie eine Traube an Papa. Er lässt sich erschöpft auf das Lager fallen und gibt auf. Gewonnen!

In dem Augenblick kommt Mama. Sie bringt den Riesenkäfern eine Riesentüte Popcorn, belegte Brötchen, Chips, Kekse und eine Kanne mit Kakao. Mit heißen Tobe-Gesichtern sitzen die Kinder um den Tisch und lassen es sich schmecken.

Nur Lea hält es vor Ungeduld fast nicht aus. Ihr Blick fällt auf die Fackeln, die in der Ecke stehen. Für die Nachtwanderung!

„Ich guck mal, ob es draußen schon dunkel genug ist!", sagt Lea und springt auf, um die Rollläden hochzuziehen.

In diesem Augenblick gibt es einen lauten Donnerschlag, ein heller Blitz erleuchtet den Himmel, und gleich darauf donnert es noch einmal. Ein starker Wind braust durch den Vorgarten und dann, dann prasselt der Regen los. Gebannt stehen die Kinder am Fenster und sehen dem Getöse draußen zu.
Als sich das Wärmegewitter schließlich verzieht, sagt Lea mit funkelnden Augen: „Das war das Geburtstagsdonnerwetter. Und jetzt, jetzt kommt die Nachtwanderung!"
Aber Papa schüttelt den Kopf. „Da wird nichts draus, Lea-Kind", sagt er. „Schau mal, wie es regnet. Da brauchen wir die Fackeln gar nicht erst anzünden, sie gehen doch gleich wieder aus. Außerdem sind die Wege total aufgeweicht. Die Nachtwanderung müssen wir leider verschieben!"

Keine Nachtwanderung? Das gefällt Lea ganz und gar nicht. Sie macht die Haustüre auf, wirft einen grimmigen Blick hinaus und schreit, so laut sie kann: „He, Regen, ich hab heute Geburtstag! Hör sofort auf!" Aber der Regen kümmert sich nicht um Leas Gebrüll! Er fließt in dünnen langen Bindfäden vom Himmel.

Lea sieht die großen und kleinen Pfützen, die auf dem Weg und im Vorgarten stehen, und dann – ja dann hat sie eine Idee. „Ich weiß was", ruft sie den Kindern zu, „wir machen eine Regenhüpfparty!"

Und sie läuft, wie sie ist, hinaus in den Vorgarten. Mitten hinein in den lauen Sommerregen. Ehe Mama und Papa überhaupt etwas sagen können, springen alle Kinder barfuß draußen herum und sind im Nu pitschepatschenass.
Sie machen Pfützenhüpfen und einen Regen-Matsche-Tanz. Dabei rutschen sie auch ab und zu auf dem Rasen aus.
„Macht nichts!", sagt Lea und beguckt sich zufrieden den Dreck auf den Armen und Beinen. „So ist das eben bei einer Regenhüpfparty!"

Schließlich haben die Kinder genug. Mama steckt eines nach dem andern unter die warme Dusche, und Papa rubbelt sie mit Frotteetüchern warm. Zum Glück haben sie ja trockene Pyjamas. „Das war toll!", sagt Jonas, als er in den Schlafsack kriecht, und Lea nickt: „Ja – das war die coolste Pyjamaparty, die ich je erlebt habe!"

Die Kinder sind so müde, dass sie nicht einmal mehr eine Gutenachtgeschichte hören wollen. Nur Lea ist hellwach und starrt mit offenen Augen in die Dunkelheit. So viele Gedanken gehen ihr durch den Kopf. Ob sie mit sieben auch so einen lustigen Geburtstag haben wird? Und überhaupt, wie wird es werden, wenn sie in der Schule ist? Hoffentlich kommen Marie und Ferdi mit ihr in die gleiche Klasse.

Lea setzt sich auf und flüstert: „Marie, schläfst du schon?"

„Nein, ich kann nicht!", flüstert Marie zurück.

„Ich auch nicht", sagt Lea leise, „komm, wir gehen in die Küche."

In der Küche stehen noch die Reste von Popcorn und Chips. Darauf hat Lea keine Lust.
„Ich weiß, was wir jetzt brauchen!", flüstert sie, geht zum Kühlfach und holt zwei Eis am Stiel heraus.
„Darfst du das denn?", fragt Marie.
Lea nickt: „Heute schon! Ist doch mein 6. Geburtstag!"
Lea und Marie sitzen gemütlich auf der Küchenbank und schlecken Eis.
„Eis ist das Beste gegen zu viele Gedanken im Kopf!", sagt Lea zufrieden.
„Und es macht müde!", meint Marie und gähnt. Und tatsächlich, als die beiden zurück in ihre Schlafsäcke kriechen, dauert es nicht lange und sie sind eingeschlafen.

Lea Wirbelwind kommt in die Schule

und hat für ihre Klasse eine supergute Idee

"Puhhh, ist das laut!", sagt Marie leise, als sie und Lea in der großen Schulaula ankommen. Der große Raum ist voller Leute, Kinder mit Schulranzen und Schultüten, Eltern, Omas und Opas und dann auch noch große Schulkinder. Es ist ein ziemliches Durcheinander.
Da ruft eine laute Stimme durchs Mikrofon. „Die Schulanfängerkinder mit ihren Eltern bitte alle nach vorne!"
Lea und Marie finden zum Glück noch eine leere halbe Reihe, in der sie alle nebeneinander Platz haben. Lea guckt sich um und entdeckt Marco. Erfreut springt sie auf und winkt wie verrückt.

Aber Marco sieht sie gar nicht. Er redet mit zwei andern Jungs, wahrscheinlich aus seiner Klasse. Enttäuscht setzt sich Lea wieder hin. Dann geht es endlich los.

Die Kinder der zweiten und dritten Klasse spielen ein kleines Theaterstück vor und singen einen lustigen Kanon.

Danach kommt ein Mann auf die Bühne.

„Ich bin Herr Hansen und der Rektor dieser Schule", sagt er, „und begrüße zuerst unsere neuen Schulkinder."

Lea kommt sich sehr wichtig vor. So hat sie sich das vorgestellt.

Herr Hansen erklärt dann, dass es in diesem Jahr drei erste Klassen gibt. Klasse a, b und c. Dann liest er vor, welches Kind in welche Klasse eingeteilt ist. Lea und Marie drücken ihre Daumen an beiden Händen, so fest es geht. Damit sie zusammen in eine Klasse kommen.

Als der Rektor sagt: „Lea Wirbelwind 1a!", hält sie den Atem an. Jetzt noch Marie, bitte, bitte auch 1a!

Da nennt der Rektor Maries Namen und die 1a. Geschafft! Marie strahlt, und Leas Herz macht einen erleichterten Hüpfer.

Jetzt wird es allerdings erst richtig spannend. Herr Hansen erklärt, dass die Kinder in ihrer Klasse – a, b oder c – nun mit ihrer jeweiligen Klassenlehrerin in ihr Klassenzimmer gehen dürfen.

Dort findet die erste Schulstunde statt. Natürlich ohne Eltern. Die bleiben in der Aula.

Lea stupst Marie an. „Jetzt geht's los. Ich bin total aufgeregt!", flüstert sie.

Leider fängt Herr Hansen nicht mit der 1a an, sondern mit der 1c. Die Lehrerin, die die Kinder der 1c einsammelt, gefällt Lea überaus gut. Die hätte sie auch gern gehabt. Aber sie ist ja in der 1a.

Die Klassenlehrerin der Klasse 1b ist kleiner als die von 1c, hat dunkle Haare, sieht aber auch nett aus. Irgendwie gemütlich, findet Lea.

„Und jetzt kommt unsere", flüstert sie zu Marie und reckt den Hals. Aber niemand kommt auf die Bühne. „Wo bleibt sie nur?"

Dafür geht der Rektor wieder an das Mikrofon. „Liebe Kinder der Klasse 1a!", sagt er. „Eure Lehrerin heißt Frau Schmitt. Sie lässt euch alle sehr herzlich grüßen und freut sich schon auf euch. Leider ist sie erkrankt und kann heute nicht hier sein.

Aber sie hofft, dass sie am Montag oder spätestens Dienstag wieder gesund ist. Euer Klassenzimmer sollt ihr aber natürlich trotzdem kennenlernen und auch eure Schulkameraden. Das übernehme ich für Frau Schmitt. Nehmt also alle eure Sachen und kommt bitte nach vorn zu mir!"

Lea Wirbelwind bleibt starr vor Schreck auf ihrem Stuhl sitzen, während die andern schon ihren Schulranzen aufsetzen.

Das gibt es ja gar nicht! Jetzt soll sie über das ganze Wochenende nicht wissen, was sie für eine Lehrerin hat? Dabei ist das doch die wichtigste Frage.

Lea ist maßlos enttäuscht. Da hätte sie ja gleich zu Hause bleiben können.

Marie zupft Lea am Ärmel: „Komm, sonst sind wir die Letzten!"

Lea Wirbelwind nimmt ihren Schulranzen und geht missmutig mit den andern Kindern den Flur entlang.

Das Klassenzimmer ist hellblau und gelb, und an den Wänden hängen bunte Bilder von Tieren und Buchstaben.
Herr Hansen zeigt den Kindern, dass es im Klassenzimmer viele „Ecken" gibt, die gar keine sind. Sie heißen nur so. Es gibt eine Bücherecke mit Büchern, eine Spielecke mit Spielen, eine Musikecke mit dem CD-Player und einen kleinen Raum am hinteren Ende, in dem allerhand Papier und anderes Material zum Basteln lagern.
Danach suchen sich die Kinder ihre Plätze.
Lea sitzt zwischen Marie und Ferdi.
Herr Hansen steht vorne an der Tafel und fragt:
„Könnt ihr denn alle schon euren Namen schreiben?"
Was für eine Frage! Die Kinder brüllen laut durcheinander: „Ja!", „Natürlich!", „Schon lange!".
„Ist ja prima!", sagt Herr Hansen. „Ihr bekommt nämlich jetzt jeder von mir ein Blatt Papier, auf dem ein Stern aufgezeichnet ist. In den Stern schreibt ihr euren Namen. Dann schneidet ihr den Stern aus."

Das gefällt den neuen Schulkindern. Jetzt können sie endlich ihren Schulranzen aufmachen und ihre neuen Stifte rausholen.
„Solange ihr die Sterne ausschneidet!", erklärt Herr Hansen noch, „mache ich von jedem von euch ein Foto mit meinem Handy. Das schick ich an Frau Schmitt, damit sie sich euch schon mal ansehen kann."
Während Lea ihren Stern ausschneidet, merkt sie, dass es in ihr drin gewaltig grummelt.
„Das ist doch total gemein!", sagt sie leise zu Marie. „Die Frau Schmitt kann uns zu Hause in aller Ruhe angucken. Und wir, wir müssen zwei oder sogar drei Tage warten, bis wir was sehen!"
Marie nickt: „Und die andern Klassen kennen ihre Lehrerin schon."
Lea seufzt. „Genau! Wir sind die Pechvögel!"

Als Herr Hansen mit seinem Fotohandy vor Lea
steht, guckt Lea grimmig auf den Boden. Sie hat
keine Lust, fotografiert zu werden.
„Und du, wie heißt du?", fragt Herr Hansen.
Lea sagt leise ihren Namen und sieht dann doch
nach oben.
„Prima!", sagt Herr Hansen. „Dann mach ich
jetzt das Foto von dir. Lach mal ein bisschen!"
Aber Lea hat keine Lust zu lachen. Sie ist ent-
täuscht. So hat sie sich ihren ersten Schultag
nicht vorgestellt. Sie sieht Herrn Hansen ins
Gesicht und da platzt es einfach aus ihr heraus:
„Ich finde es t o t a l ungerecht!"
„Was ist ungerecht?", fragt Herr Hansen.
„Dass wir kein bisschen wissen, was für eine
Lehrerin wir kriegen!"
„Tja", nickt Herr Hansen, „das ist nicht nett für
euch. Aber leider kann ich daran nichts ändern,
krank ist krank!"
Leas Blick fällt auf das Handy in der Hand
von Herrn Hansen und da hat sie eine Idee.
Sie nimmt all ihren Mut zusammen und fragt:

„Hast du kein Foto von unserer Lehrerin? Dann könnten wir wenigstens das mal angucken!"
Herr Hansen schmunzelt. „Ein Foto von Frau Schmitt? Lass mich nachdenken. Doch, da müsste ich eines haben." Er tippt ein paar Zahlen auf sein Handy und spricht hinein. Kurz darauf bringt ihm eine junge Frau ein Tablet-PC.
Herr Hansen ruft die Kinder zusammen: „Alle mal herhören! Eure Klassenkameradin Lea hatte eine gute Idee. Wenn Frau Schmitt schon nicht da ist, so sollt ihr doch wenigstens ein Foto von ihr sehen."
Die Kinder jubeln, und Herr Hansen hält das Tablet hoch.

Das Foto auf dem Bildschirm zeigt zwei Frauen und einen Mann.
„Es ist ein Bild vom Lehrerausflug!", erklärt Herr Hansen. „Die Frau in der Mitte ist Frau Schmitt."
Frau Schmitt hat eine Schirmmütze auf, unter der dunkle Ringellocken hervorgucken.
Sie sieht irgendwie lustig aus, findet Lea.
„Ist sie jung oder ist sie alt?", fragt Marie leise.
Lea überlegt kurz: „Ich glaub, mittel!" Sie nickt Marie zufrieden zu. „Sieht aber nett aus, oder?"
Das findet auch Marie. „Auf jeden Fall nicht streng!"
Herr Hansen muss jedem Kind das Bild direkt vor die Nase halten! Denn alle wollen Frau Schmitt ganz nah sehen.
Ferdi stupst Lea an und zeigt ihr seine Hand mit dem Daumen nach oben. Das heißt: Gut gemacht.
Lea freut sich.
Im Eingang der Schule warten die Eltern auf das Ende der Schulstunde.
Lea ruft ihnen schon von Weitem entgegen:

„Frau Schmitt hat ganz viele Locken, so ähnlich wie Oma Arnold!"
Mama schüttelt den Kopf: „Das kannst du doch gar nicht wissen! Frau Schmitt ist doch noch gar nicht da!"
Und Papa lacht: „Was du dir immer so ausdenkst!"
„Gar nicht ausgedacht!", sagt Lea und ihre Augen blitzen. „Wir haben sie in echt gesehen!" Und sie erzählt Mama und Papa von ihrem Einfall mit dem Foto. „Gute Ideen kann man immer brauchen. Auch in der Schule!", sagt sie und ist ziemlich stolz auf sich.

… Und wie geht's weiter? …

Inhalt

Lea Wirbelwind erlebt jede Menge Neues,
findet sich aber doch immer wieder zurecht
S. 71

Lea Wirbelwind wünscht sich Haare wie Angelina
und will zumindest Ohrstecker haben
S. 80

Lea Wirbelwind hat Besuch
und braucht dringend eine gute Idee
S. 90

Lea Wirbelwind will
einen Abenteuernachmittag haben
und trickst die Jungs aus
S. 101

Lea Wirbelwind hat einen schlechten Tag
und die besten Freunde der Welt
S. 111

Lea Wirbelwind erlebt jede Menge Neues,

findet sich aber doch immer wieder zurecht

Ist morgen der erste Oktober?", fragt Lea Wirbelwind Oma Arnold, die sie heute ins Bett bringt, weil Mama und Papa in der Schule beim Elternabend sind.
„Genau so ist es, du kluges Kind!", schmunzelt Oma Arnold.
Aber Lea ist nicht zum Lachen.
„Blöd!", murmelt sie vor sich hin, „richtig blöd!"
„Was ist blöd?", will Oma Arnold wissen. Lea verzieht das Gesicht, „Wir werden morgen gemischt!"
Oma Arnold versteht kein Wort.

Da erklärt Lea: „Jeder muss woanders sitzen. Frau Schmitt bestimmt die Plätze und wer neben einem sitzt. Wir finden das blöd!"

„Mhhhh!", macht Oma Arnold. „Das kann ich verstehen, dass ihr das blöd findet. Warum macht sie das denn?"

„Wegen der Gerechtigkeit!", sagt Lea, „dass jedes Kind mal vorne sitzt und nicht immer die Gleichen zusammenhocken. Ich will aber neben Marie sitzen bleiben und Marie neben mir."

„Na ja", tröstet Oma Arnold, „andere Kinder sind ja auch nett, oder?"

Lea sagt nichts. Sie denkt: Blöd ist es trotzdem.

Am nächsten Morgen stehen die Kinder vor dem Klassenzimmer der 1a und warten auf Frau Schmitt. Sie sind alle wibbelig und reden wild durcheinander. „Heute ist Mischel-Mascheltag!", tönt Ferdi.

„Hoffentlich komm ich nicht neben ein Mädchen!"
„Und hoffentlich komm ich nicht neben die Quatschnase Ferdi!", flüstert Marie Lea ins Ohr und nimmt für alle Fälle Leas Hand.
Da fällt Lea etwas ein und sie muss kichern: „Wir setzen uns einfach zusammen auf einen Stuhl und sagen Frau Schmitt, dass wir zusammengewachsen sind!"
In diesem Augenblick kommt Frau Schmitt und schließt das Klassenzimmer auf. Die Kinder drängeln rein und wollen zu ihren alten Plätzen. Aber Frau Schmitt sagt: „Geht bitte alle nach vorn zur Tafel!" Auf den Plätzen stehen bunte Schilder und auf den Schildern stehen Namen. „Wer seinen eigenen Namen erkennt", sagt Frau Schmitt, „darf schon mal an den neuen Platz gehen."
Lea und Marie entdecken ihre Namen gleich. Sie sitzen jetzt eine Reihe weit auseinander. Marie hat Glück, ihre neue Tischnachbarin ist Charlotte. Die kennt sie schon. Der Platz neben Lea ist noch leer.

Wer wird neben ihr sitzen? Vorn stehen nur noch Janis und ein neues Mädchen.

„Das ist Angelina", sagt Frau Schmitt und schiebt sie ein wenig vor. „Guck mal, neben Ferdi ist noch ein Platz frei, da darfst du dich hinsetzen. Und Janis setzt sich neben Lea."

Lea rückt ein wenig zur Seite, damit Janis Platz hat. Dabei schielt sie hinüber zu dem neuen Mädchen. Angelina sieht schön aus. Sie hat lange schwarze Haare und große dunkle Augen mit langen Wimpern.

Da fängt Frau Schmitt mit dem Unterricht an. Heute hat das „L" Geburtstag. Als Hausaufgabe sollten die Kinder einen Gegenstand von zu Hause mitbringen, in dessen Namen ein L vorkommt. Frau Schmitt legt mit einem Seil einen Kreis auf den Boden. Ein Kind nach dem anderen darf nach vorne kommen und seinen L-Gegenstand hineinlegen. Dabei soll es ganz deutlich sagen, wie das Ding heißt, sodass die andern hören können, wo das L im Wort steckt.

Lea sitzt wie erstarrt auf ihrem Stuhl.

Sie hatte die Luftpumpe mitbringen wollen und sie gestern neben ihre Schuhe gelegt. Damit sie sie nicht vergisst. Und nun hat sie sie doch liegen lassen. So was Dummes! Schon ist Marie dran. Sie legt einen Löffel in den Kreis. Bei Löffel ist das L vorne. Jetzt kommt Charlotte, die hat ein kleines Stückchen Fell mitgebracht. Da ist das L hinten. Ferdi hält einen kleinen Lastwagen hoch und macht LLLLastwagen.

Lea denkt fieberhaft nach. Gleich ist sie an der Reihe. Was soll sie nur machen? Da fällt ihr etwas ein. Mit klopfendem Herzen geht sie nach vorn und hüpft mit einem kleinen Hopser mitten in den Kreis. „Lea", sagt sie laut.

Die Kinder lachen, und Frau Schmitt sagt: „Du bist zwar kein Gegenstand, aber – wir haben es alle gehört: In deinem Namen ist ein L. Nur dumm, dass du jetzt im Kreis stehen bleiben musst."

Das findet Lea auch. Und sie will es auf keinen Fall. Fieberhaft denkt sie nach und hat auch schon eine Idee: „Ich könnte ja einen Zettel hinlegen – mit meinem Namen!", sagt sie blitzschnell.

Frau Schmitt schmunzelt. „Ja – das geht!" Lea malt ihren Namen auf ein Blatt Papier und legt ihn in den Kreis. Als sie an ihren Platz zurückgeht, lacht sie Angelina an. Die lächelt ein klein wenig zurück.

In der Pause drängelt sich Lea durch die Kinder hin zu Marie und erzählt ihr von der Luftpumpe, die nicht mehr da lag, wo sie sie hingelegt hat. „Bestimmt hat Mama sie wieder in den Keller geräumt. Die ist immer so superordentlich!", mault sie leise.

Marie nickt. „Mamas können mit dem Aufräumen wirklich nerven!", sagt sie. Da gongt es, und die Pause ist vorbei.

„Hach, ich muss doch noch Pipi!", fällt es Lea ein. „Kannst du schnell mitgehen? Wir dürfen doch nur zu zweit!"

„Nee, ich muss nicht", sagt Marie.
„Aber ich", sagt eine Stimme neben Lea. Es ist Angelina.
„O. k., dann komm schnell!" Zusammen laufen sie schnell wie die Hasen den Flur hinaus zu den Klos.
Als sie fertig sind und aus dem Klo herauskommen, ist es im Schulhaus seltsam still. Alle Kinder sind in den Klassenzimmern, und die Türen sind zu. Lea rennt den Flur zurück, Angelina hintendrein.
Ohhh … Lea stoppt und sieht sich um. „Wir sind irgendwie falsch!", sagt sie, „das ist nicht unser Flur!"

Angelina kriegt große Augen. „Und was machen wir jetzt?"

„Hier rum!", bestimmt Lea und zieht Angelina mit sich. Aber der nächste Flur sieht auch nicht aus wie der, wo die Klasse 1a ist. „Auch falsch!", brummt Lea. „Wir haben uns verirrt."
Angelina neben ihr fängt leise an zu schluchzen. Auch Lea ist es nicht ganz wohl, aber wegen so was heulen, das kommt nicht infrage!
„Ist ja nicht so schlimm!", tröstet sie Angelina. Und fügt trotzig hinzu: „Wir finden schon zurück. Ich hab noch nie gehört, dass jemand in einer Schule verloren gegangen ist." Über diese Vorstellung muss Angelina ein bisschen lachen, und Lea kichert erleichtert mit. „Am besten versuchen wir es jetzt einfach anders herum!", schlägt sie vor. „Zurück zum Klo und dann von vorne!
Und tatsächlich, so geht's!
Als Angelina und Lea an ihren neuen Platz gehuscht sind, tippt Marie Lea von hinten an. Sie zischt: „Was war los?"

Da fällt Lea das Zeichen ein, das sie und Marie vor der Stunde ausgemacht hatten.
Weil sie nicht mehr direkt nebeneinandersitzen, verständigen sie sich nun eben mit Handzeichen.
Sie hält beide Daumen nach oben in die Luft.
Denn das heißt: Alles in Ordnung! In der nächsten Pause erzähl ich es dir!

Lea Wirbelwind wünscht sich Haare wie Angelina

und will zumindest Ohrstecker haben

Es ist Samstagmorgen, und Mama und Papa sitzen noch gemütlich beim Frühstück.
Lea Wirbelwind geht ins Bad, Zähne putzen.
Ihr Blick fällt auf den Badhocker. Sie schiebt ihn kurzerhand ganz nah vor das Waschbecken und klettert nach oben. Was sie sieht, gefällt ihr nicht. Ihre Haare stehen wie immer strubblig vom Kopf ab. Lea nimmt die Bürste und bürstet sie durch. Einmal, zweimal, dreimal. Leider nützt das Bürsten nicht viel.
„Ihr macht einfach immer nur, was ihr wollt!", seufzt Lea und zieht an der vordersten Strähne. „Und wachsen tut ihr auch kein bisschen!" Sie seufzt noch mal. Ach, wenn sie doch nur Haare hätte wie Angelina, die Neue in der Klasse.

Lea kennt sie noch nicht so gut, aber dass sie die schönsten Haare der Welt hat, das ist schon mal klar. Ihre Haare sind glatt, schwarz und lang, fast bis zum Po!

Lea weiß genau, dass sie niemals solche Haare haben wird. Ihre sind fein und immer ein bisschen krumm. Nicht mal einen richtigen Zopf kann man machen.

Lea hält ihre strubbligen Haare mit beiden Händen nach hinten, sodass die Ohren frei sind – und in diesem Moment hat sie eine Idee: Ohrstecker, sie müsste Ohrstecker haben. Alle Mädchen in der Klasse haben Ohrstecker. Es wird höchste Zeit, dass sie auch welche bekommt. Und Ohrlöcher, die kann sich jeder machen lassen, ganz einfach. Das weiß Lea ganz genau, denn Marie hat welche zu ihrem letzten Geburtstag gekriegt.

Blöd ist nur, dass Lea erst im Sommer Geburtstag hat. Bis dahin ist es noch himmellang. Lea starrt auf ihre Ohrläppchen, die so ganz leer sind, und seufzt noch mal! „Ohrlöcher wären jetzt genau das Richtige!", sagt sie leise.
In diesem Augenblick kommt ihr ein Gedanke. Oma Arnold! Oma Arnold ist die Rettung! Die Ohrlochrettung! Bei Oma Arnold hat sie nämlich noch einen Wunsch frei für ein Geschenk!
Leas Herz macht einen großen Hüpfer. Sie springt vom Hocker, saust hinüber zu Oma Arnolds Haustür und klingelt Sturm.
Als Oma Arnold die Tür aufmacht, platzt es schon aus Lea raus: „Es geht um den Wunsch, den ich noch bei dir frei habe!", sagt sie.
„Ich weiß jetzt was!"
„Na, das ist ja prima!", lacht Oma Arnold.
„Was soll's denn sein?"
„Also …", Lea macht eine kleine Pause, „ich wünsch mir Ohrstecker!"
„O, là, là!" Oma Arnold ist verdutzt.
„Das ist allerdings ein besonderer Wunsch.

Die kann ich ja nicht mal so im Laden kaufen und dir mitbringen!"

„Nee!", sagt Lea und lacht, „da muss ich mit, also auf jeden Fall meine Ohren!"

„Ich schenke dir gern deine ersten Ohrringe", sagt Oma Arnold und zeigt auf ihre Ohren. „Schließlich hab ich meine Ohrlöcher auch schon als kleines Mädchen gekriegt – vor über 60 Jahren! Aber deine Mama und dein Papa müssen natürlich einverstanden sein!"

„Na ja!", sagt Lea und wackelt mit dem Kopf hin und her. „Papa ist wahrscheinlich nicht grade begeistert. Aber es ist ja ein Geschenk von dir und nicht von ihm!"

„Das stimmt", sagt Oma Arnold, „aber fragen würd ich doch gern eben mal!", und macht sich auf den Weg zu Papa und Mama, die immer noch am Samstagmorgen-Frühstückstisch sitzen. Lea verzieht sich lieber im Kinderzimmer. Sie ist aufgeregt. „Hoffentlich schafft es Oma Arnold", denkt sie und drückt ihre beide Daumen so fest, dass es wehtut.

Nach einer Weile streckt Oma Arnold den Kopf zur Kinderzimmertür hinein: „Hat geklappt", sagt sie. „Von mir aus können wir gleich heute Nachmittag losziehen!"

Lea Wirbelwind drückt Oma Arnold ganz fest vor Freude.

Als es endlich Nachmittag ist und Oma Arnold sie abholt, ist Lea ganz und gar wibbelig vor Vorfreude. Sie springt und hüpft neben Oma Arnold bis zum Juwelier.

Nachdem sie sich blaue Ohrstecker rausgesucht hat, muss sie sich auf einen Hocker setzen.

Die junge Frau holt den Piksapparat. Lea guckt starr in die Ecke und macht sich Mut. „Marie hat es schließlich ausgehalten, dann halte ich es auch aus!", denkt sie.

Dann ist es so weit. Klack macht es, und der eine Ohrstecker ist auch schon drin! „Jetzt noch der zweite! Piks und fertig!", sagt die junge Frau und hält Lea einen Spiegel hin.

Lea kriegt vor Freude einen roten Kopf. Tatsächlich, in jedem Ohrläppchen steckt ein Stecker mit einem kleinen blauen Stein. Lea sieht Oma Arnold an: „Der Pikser war ganz schön piksig", sagt sie, „aber guck mal, wie super!"

Oma Arnold nickt zufrieden: „Sieht ganz entzückend aus!", sagt sie und zahlt an der Kasse.

Auf dem Rückweg hüpft Lea neben Oma Arnold her und singt: „Danke, danke, danke!" Die Leute drehen sich lachend nach ihr um.

„Die sehen sicher alle meine neuen Ohrstecker!", sagt Lea und ist sehr stolz.

Auch Mama und Papa finden die kleinen blauen Steine in Leas Ohren wirklich sehr hübsch.

Und sie staunen, dass Lea kein bisschen geweint hat. Lea fühlt sich großartig.

Den ganzen Nachmittag über läuft sie immer wieder zum Spiegel und bewundert ihre Ohren mit den Ohrsteckern. Es ist einfach nur wunderbar!

Als Lea am Abend den Pullover über den Kopf zieht, passiert es. Sie spürt einen kleinen Stich am rechten Ohr, fasst hin – und oh Schreck: Der Ohrstecker ist weg. Er steckt nicht mehr im Ohrläppchen, da wo er doch hingehört.

Lea brüllt nach Mama.

Die sieht sofort, was passiert ist. „Ach du grüne Neune!", sagt sie, schüttelt Leas Pullover aus. Nichts. Mama geht auf die Knie und sucht den ganzen Badboden nach dem Stecker ab.

Lea steht starr vor Schreck daneben!

Dann kommt Papa dazu. Als er begreift, was passiert ist, grummelt er: „Ich hab ja immer gesagt, dass du noch zu klein bist für Ohrlöcher! Die hättest du auch noch mit sechzehn machen können!"

„Sechzehn?" Lea ist empört. „Da bin ich ja schon uralt!", sagt sie trotzig. „Und überhaupt, alle Mädchen in meiner Klasse haben Ohrstecker!"
Papa sagt nichts mehr, aber er bückt sich, um nach dem kleinen Pinn zu suchen. Und er findet ihn! Stolz hält er ihn in die Luft. Dann gibt er ihn aber gleich weiter an Mama. „Also reinmachen musst du ihn!", sagt er zu ihr. „Das ist nicht meine Sache!"
Mama reinigt den Stecker, und dann muss Lea ganz still sitzen, damit Mama den Stecker durch das Loch schieben kann, das die Piksmaschine heute Morgen durch Leas Ohrläppchen gebohrt hat. Mama popelt und popelt, aber irgendwie will es nicht klappen. Sie kommt nicht durch! Leas Ohr ist schon ganz rot und es tut auch ein klein wenig weh.
„Nix zu machen, Lea-Kind!", sagt Mama. „Ich krieg ihn nicht mehr rein.

Das Löchlein in deinem Ohr ist schon wieder zu. Da müssen wir warten, bis es verheilt ist und dann noch mal zum Juwelier."

Lea hat einen großen Kloß im Hals. Am liebsten würde sie losheulen. Mama nimmt sie fest in den Arm. „Das kriegen wir schon wieder hin!", tröstet sie. „Und denk mal: Einer ist besser wie keiner!" Lea nickt und schluckt den Kloß in ihrem Hals runter. Das stimmt. Und Angelina wird morgen bestimmt auch über den einen Ohrstecker staunen!

Als Papa am Abend zum Gute-Nacht-Sagen kommt, streichelt er ihr vorsichtig die Strubbelhaare aus dem Gesicht. „Der eine Ohrring sieht niedlich aus, muss ich echt zugeben!", sagt er und grinst ein bisschen.

Und Lea, die von dem Schrecken bis grad noch sehr müde war, ist mit einem Mal hellwach. Sie setzt sich auf, und ihre Augen blitzen: „Da weiß ich was für dich, Papa!", sagt sie. „Wenn ich mir den zweiten noch mal machen lasse, gehst du mit. Und dann lässt du dir auch einen reinmachen.

Nur einen. Jungs haben immer nur einen. Das wäre voll cool!"
„Um Himmels willen!", stöhnt Papa. „Niemals!", und flüchtet aus dem Kinderzimmer.
Lea aber ruft ihm hinterher: „Warte nur ab! Ich krieg dich schon noch rum!" Dann kuschelt sie sich in ihr Kissen und kichert, bis sie eingeschlafen ist: Papa mit einem rosaroten Glitzerstern im Ohr, das ist zu lustig!

Lea Wirbelwind hat Besuch

und braucht dringend eine gute Idee

Lea Wirbelwind steht an der Türe ihres Kinderzimmers und zieht eine Grimasse. Mama hat gesagt, ihr Zimmer sieht aus wie eine Rumpelkammer. Und dass sie aufräumen soll, bis Angelina nachher zum Spielen kommt. Angelina kommt zum ersten Mal zu ihr zu Besuch. Sie geht in Leas Klasse, und Lea findet sie voll nett. Vor allem bewundert Lea Angelinas lange schwarze Haare und ihre großen Augen. „Irgendwie sieht sie wie eine Prinzessin aus, vielleicht ist sie ja eine", hat sie zu Marie gesagt. Aber Marie hat nur den Kopf geschüttelt und ein bisschen die Augen verdreht. Lea glaubt es trotzdem.

Zu gerne würde sie Angelina danach fragen, aber leider kennt sie Angelina noch kein bisschen. „Lad sie doch mal zum Spielen ein!", hat Mama gesagt. „Dann könnt ihr euch näher kennenlernen!"
Das fand Lea prima und heute ist es nun so weit. Blöd nur, dass sie vorher aufräumen muss.
Lea seufzt. Wo soll sie anfangen? Das große Piratenschiff ist umgekippt, und aller Kram, der dazugehört, liegt darum herum. Für die Plastikpferde muss sie erst eine neue Schachtel suchen. Die alte hat sie für die Farbstifte gebraucht. Und dann liegen da noch die Klamotten aus der Verkleidungskiste herum.

Weil Marie gestern unbedingt Theater spielen wollte, haben sie alles rausgeräumt: der Federhut und alle möglichen Kostüme von Fastnacht, Mamas altes Partykleid und ein paar Stöckelschuhe. Am Boden liegt außerdem der schwarze Anzug von Papa, den Lea unbedingt zum Spielen haben wollte. Es sieht wirklich sehr wild aus in dieser Rumpelkammer!

Lea holt tief Luft, macht einen Riesenschritt, bückt sich dann und schiebt den gesamten Schiffskram samt Schiff mit beiden Händen unter das Bett. Als Nächstes schnappt sie entschlossen die Kleider, Hüte und Schuhe und stopft sie zurück in die Verkleidungskiste. Nun ab damit hinter die Türe. Prima! Das Zimmer sieht schon viel besser aus. Jetzt noch die Pferde. Ah, die packt sie am besten in die Schreibtischschublade.

In diesem Augenblick klingelt das Telefon. Lea rast hin.

„Sollen wir heute Mittag zusammen spielen?", fragt Marie. „Du kannst ja zu mir rüberkommen!"

„Mmmhhh", macht Lea.
„Das geht leider nicht!"
„Und warum nicht?", fragt
Marie.
„Weil ich Besuch kriege",
antwortet Lea.

„Ach so!" Lea kann genau hören, dass Marie schluckt.
„Und von wem kriegst du Besuch?", fragt sie dann.
„Von Angelina!", sagt Lea leise. Marie sagt nichts. Es ist ganz still am Telefon. Dann kommt das Tutut-Zeichen. Marie hat aufgelegt.
„Ich glaube, Marie ist sauer!", sagt Lea zu Mama, „weil Angelina heute mit mir spielt."
„Ach, das glaub ich nicht!", meint Mama, „das meinst du nur."
Lea verzieht das Gesicht. Sie kennt Marie besser als Mama. Die ist auch in der Schule schon mal ein wenig zickig. Zum Beispiel, wenn Lea mit Charlotte spielt. Mama hat manchmal wirklich keine Ahnung.

Als Angelina von ihrer Mama gebracht wird, hat Lea den kleinen Tisch im Kinderzimmer an die Wand vor das Bücherregal geschoben und alle ihre Kuscheltiere in die Regale geordnet.
„Das ist unser Verkaufsladen", erklärt sie Angelina. „Die Teddys, das Äffchen, die Katzen und der große Tiger auf dem mittleren Regal kosten drei Euro, die beiden Bären, die Schildkröte und der Esel oben sind teurer!"
Ganz unten hat Lea die Kuscheltiere gesetzt, die sie nicht so besonders mag. „Die sind ganz günstig!", erklärt sie weiter, „nur einen Euro. Willst du die Verkäuferin sein oder die Frau, die einkauft?"
Angelina zuckt die Schultern.
„Also, dann kauf ich ein!", bestimmt Lea und legt gleich los. „Guten Tag, ich wollte gern eine kleine Katze kaufen! Haben Sie eine?"
Angelina sagt kein Wort und guckt nur mit großen Augen auf Lea.
„Du musst mir die Katzen zeigen", flüstert Lea leise, „zur Auswahl."

Zögernd nimmt Angelina die kleinste Katze vom Regal und hält sie Lea hin.
Lea nimmt die Katze, tut so, als ob sie Angelina einen Euro in die Hand gibt, und geht mit der Katze vor die Türe. Jetzt geht das Ganze von vorn los. Diesmal spielt Lea eine Mutter.
„Guten Tag!", sagt sie vor Angelinas Ladentisch. „Also, mein kleiner Sohn hat Geburtstag. Da würde ich gern einen Teddy für ihn kaufen!" Angelina steht inmitten der Plüschtiere und sagt kein Wort. „Einen Teddy", wiederholt Lea. Aber Angelina guckt nur. Lea seufzt. So geht das nicht. Ohne Reden kann man nicht Zooladen spielen.
„Sollen wir Memory spielen?", fragt sie Angelina und zieht die Schachtel aus dem Regal.
Sie setzen sich an Leas Schreibtisch und spielen das Memory zweimal. Als Angelina gewinnt, lächelt sie. Aber sprechen tut sie immer noch nicht.

„Komm", sagt Lea zu Angelina, „jetzt trinken wir erst mal was!" Auf dem Weg zur Küche kommen sie am Wohnzimmer vorbei. Angelina bleibt wie angewurzelt stehen und starrt auf den Fernseher. „Ist neu!", erklärt Lea. „Soll ich mal anmachen?" Angelina nickt und blickt gebannt auf den großen Bildschirm.

Lea bleibt unschlüssig stehen. Sie weiß genau, was Mama sagen würde, wenn sie da wäre: „Lea, was soll das? Ihr wollt doch spielen und nicht in die Glotze glotzen!" Aber was soll sie machen? Was soll sie mit Angelina anfangen, wenn die nichts sagt? Das ist mit Marie ganz anders. Die quasselt manchmal wie eine Quasselstrippe.

In diesem Augenblick fällt Lea etwas ein. Sie schnappt sich das Telefon und tippt Maries Nummer ein. Schon nach einem Mal Klingeln ist Marie dran.

„Kommst du rüber?", fragt Lea Wirbelwind.

„Warum?", fragt Marie. „Ist die Angelina nicht gekommen?"

„Doch schon!", sagt Lea „aber … wir könnten zusammen Zirkus spielen! Das geht zu zweit nicht. Da muss man mehr Leute sein!"

„Au ja!", freut sich Marie. „Aber ich mach die Pferdedressur."

„Okay!", sagt Lea. „Bis gleich!"

Als Marie an der Tür klingelt, drückt Lea den Fernseher aus und zieht Angelina mit ins Kinderzimmer. Dort schiebt sie die Verkleidungskiste hinter der Türe vor.

„Leider, leider muss ich die jetzt wieder ausleeren!", lacht sie und kippt den gesamten Inhalt auf den Fußboden.

Marie stürzt sich auf die Federboas. Eine schlingt sie sich um den Hals, die andere um die Taille.

„Toll!", sagt sie und strahlt.

Lea sieht Angelina an. „Du kannst ja ein Pferd spielen", schlägt sie vor und hält ihr die Leine hin.

Aber da schüttelt Angelina ganz heftig den Kopf und sagt ziemlich laut und deutlich: „Nee, Pferd will ich nicht. Ich will eine Seiltänzerin sein!"

„Kein Problem!" Lea wühlt in den Verkleidungssachen nach dem rosa Tüll-Rock. „Guck mal!", sagt sie. „Das würde voll passen!"

Angelina nickt begeistert und fischt noch einen Glitzerreif für ihr Haar aus der Kiste. Dann sagt sie zu Lea: „Ich kann aber natürlich nicht richtig Seiltanzen – also in echt, so in der Luft, mein ich!"

„Das ist ja klar!", lacht Lea. „Aber warte!" Sie läuft los und kommt kurz darauf mit Papas altem Abschleppseil zurück. Das legt sie auf den Boden und balanciert ein paar Schritte hin und her. „Guck, so!", sagt sie.

Angelina strahlt. Diese Rolle gefällt ihr.

Lea schlüpft in Papas Anzug und hält die viel zu weite Hose mit dem Hosenträger fest.

Als sie den alten Hut aufsetzt, muss sie über sich selber lachen.
Der Nachmittag vergeht wie im Flug. Jedes Mädchen hat zwei Rollen. Lea spielt den Zirkusdirektor und macht den Clown, Angelina geht auf dem Seil und tanzt als Tänzerin einen Tüchertanz. Marie zeigt eine Pferdedressur und bändigt die wilden Kuscheltiere. Sie ist kein bisschen mehr beleidigt.
„Wir können uns ja morgen wieder treffen und üben!", schlägt sie vor, als Angelina abgeholt wird.

„Au ja!" Angelina strahlt. „Dann spielen wir wieder Zirkus!", sagt sie.
„Genau!" Lea lacht Mama an. „Wir machen eine Vorstellung für Mamas und Papas! Im Wohnzimmer! Da musst dann du vorher aufräumen!"

Lea Wirbelwind will einen Abenteuernachmittag haben

und trickst die Jungs aus

„Puhhhh!" Lea Wirbelwind zappelt auf ihrem Stuhl herum. „Hüpf-Hausaufgaben wären besser als Stillsitz-Hausaufgaben", denkt sie und starrt auf das Arbeitsblatt für die Schreibaufgabe. Eine ganze Seite voll Ms soll sie schreiben. Und das, wo ihr doch heute so total wibbelig zumute ist. Lea sieht sehnsüchtig aus dem Fenster.

Draußen ist ein blauer Herbsthimmel mit ein paar süßen kleinen Wölkchen dran. Das war gestern am Sonntag auch schon so. Da hat sie mit Mama und Papa für die Schule Herbstfrüchte gesammelt. Einen ganzen Schuhkarton voll! Kastanien und Eicheln, große und kleine Tannenzapfen.

Lea sieht zurück auf ihr Arbeitsheft. „Und heute hunderttausend blöde Ms schreiben!", mault sie. Sie blättert eine Seite im Arbeitsheft zurück. Der vorige Buchstabe, den sie gelernt haben, war das „L". Das ist Lea gut gelungen. Zwei Schleifen, einmal hin und einmal her, und schon war das L fertig. Das M gefällt ihr dagegen kein bisschen. „Grade rauf, grade runter und immer eine spitze Ecke!", murmelt sie vor sich hin. „Irgendwie doof!" Sie stöhnt noch einmal, nimmt dann den Bleistift und malt in Windeseile eine Linie voll. In diesem Augenblick kommt Mama. „Du lieber Himmel, Lea", sagt sie. „Findest du das schön?" Lea weiß genau, was Mama nicht gefällt.

Die Ecken vom M enden nicht genau an der Linie! Sie sind mal länger und mal kürzer. Sie soll aber die Linie oben und unten einhalten. Nur wer die Linie ganz genau einhält, kriegt von Frau Schmitt ein Sternchen.

Marie kriegt fast jedes Mal eines. Marie ist ziemlich gründlich.

Lea will schon auch ein Sternchen haben. Und so nimmt sie den Radiergummi und radiert die Linie Ms aus. Alle! Dann hält sie sich ihren Bleistift vor die Nase. „Hör gut zu", sagt sie, „du machst jetzt die Ms noch mal, ganz lang- sam und genau bis zur Linie! Kein Fitzelchen weiter!" Und tatsächlich, der Bleistift gehorcht. Die Ms sitzen fast immer ganz genau an der Stelle, wo sie hin sollen!

Lea hat noch zwei Zeilen zu schreiben, da klingelt das Telefon. Mama hält Lea den Hörer hin. „Hier ist Marie", sagt es aus dem Telefon, „kommst du raus zum Spielen?"

„Na klar, ich hab nur noch zwei Zeilen! Bis gleich." Ratzfatz malt Lea die zwei Zeilen voll.

„Fertig!" Sie hat grade die Schuhe angezogen, da ruft Mama sie zurück.
„Halt! So geht das nicht! Die letzten beiden Zeilen sind ja grauselig!", sagt sie und radiert die krakeligen Ms aus.
Lea merkt, wie sie innendrin noch viel wibbeliger wird, jetzt wo Marie draußen wartet. „Kann ich die zwei Zeilen nicht später machen?", fragt sie. Aber Mama schüttelt den Kopf. „Erst die Arbeit und dann das Vergnügen."
Lea zieht einen Schmollmund. In dem Augenblick fällt ihr etwas ein. Sie hopst in die Höhe. „Eins, zwei, drei, vier, fünf, sechs, sieben …"
Lea macht zwanzig Hüpfer, dann lässt sie sich auf den Stuhl plumpsen. „Jetzt sind die Wibbelgeister erst mal weg", sagt sie und setzt die Buchstaben sauber auf die Linie. Mama ist zufrieden! Endlich! Jetzt nix wie raus. Marie hat sich schon das Seil für das Pferdchenspiel umgebunden.

Lea schnappt es und ruft: „Pferdchen hü!" Sie laufen, so schnell sie können, bis zum großen Klettergerüst auf dem Spielplatz der Siedlung. „Jetzt wäre ein bisschen Abenteuer gut!", findet Lea Wirbelwind und klettert wie ein Affe die Hängeleiter am Piratenschiff hoch.
Marie mag die wackelige Leiter nicht. „Ich glaub, ich bleib lieber unten!", sagt sie.
„Ach, komm doch!", ruft ihr Lea zu, „ist ganz leicht! Hier oben ist es supertoll!" Da gibt sich Marie einen Ruck und klettert langsam die wackelige Leiter hinauf.
Lea ruft: „Ja, super, du schaffst es!" Dann jodelt sie von oben über die ganze Welt: „Halloooo, Abenteuer kommt herbei!"
In diesem Augenblick biegen Ferdi und Janis um die Ecke.
„Da sind wir schon!", brüllt Ferdi, lässt die Plastiktüte, die er in der Hand hat, auf den Boden fallen und klettert blitzschnell hinter Marie auf den Piratenausguck.
„Das ist unser Hochsitz!", bestimmt Lea.

Aber Ferdi brüllt: „Wir haben sie, wir haben sie!"
Er steigt die Leiter wieder runter und schnappt sich das Pferdchenseil. Zusammen mit Janis bindet er mit dem Seil eine Absperrung ans Ende der Leiter.
„Leider, leider seid ihr jetzt gefangen!", ruft er zu den Mädchen hinauf und lacht.
Janis nickt: „Wir sind Piraten und Mädchenfänger!"
Lea und Marie kennen das Spiel von der Pause im Schulhof.
„Huhu, huhu." Marie tut so, als würde sie heulen und schluchzen.
Und Lea jammert: „Lasst uns frei, lasst uns frei!"
In der Schule werden sie dann immer freigelassen. Heute aber wollen Ferdi und Janis die Mädchen nicht freigeben. Sie hüpfen wie zwei Rumpelstilzchen unten herum und grölen.
„Ihr seid gefangen, ihr seid gefangen!"
Lea sieht ihnen eine Weile zu, dann wird ihr langweilig. Schließlich will sie nicht den ganzen Nachmittag da oben verbringen.

Sie klettert die Leiter nach unten. Aber als sie fast unten ist, schnappt Ferdi nach ihrem Fuß und will ihn mit dem Seil an der untersten Sprosse festbinden.
Lea reißt sich los und klettert wieder rauf. Die Jungs grölen vor Freude. „Gefangen, gefangen!"
Lea und Marie sind ratlos. Da hat Lea eine Idee. „Ich weiß, wie wir sie rumkriegen!", flüstert sie Marie ins Ohr und ruft vom Turm hinunter: „Wenn ihr uns freilasst, spielen wir mit euch Fußball." Denn Lea weiß: Jungs wollen immer Fußball spielen.
Ferdi aber fällt etwas anderes ein. Er hält die leere Plastiktüte hoch und ruft zu den beiden Mädchen hinauf: „Wir könnten euch freilassen! Aber bevor wir Fußball spielen, müsst ihr mir ein paar Herbstfrüchte sammeln. Für die Schule."

„Was?" Lea kullert mit den Augen. „Hast du das noch nicht gemacht?"
Und Marie fügt hinzu: „Das sollten wir doch als Hausaufgabe am Wochenende machen, hat Frau Schmitt gesagt!"
Ferdi nickt. „Wieso? Wir brauchen die Sachen ja erst morgen. Da kann ich sie ja grade so gut heute noch sammeln."
„Nee, ihr sammelt sie!", sagt Janis und grinst, „und wir können derweil schon mal Fußball spielen!"
Lea Wirbelwind sieht Marie an und sagt leise: „Ist ja eigentlich Erpressung. Aber ich weiß schon, was wir machen!", und zu den Jungs ruft sie laut: „Ist o. k.!"
Ferdi und Janis jubeln. „Super! Komm, wir holen den Fußball!"

Lea und Marie klettern die Leiter runter und schlüpfen durch die Absperrung durch. Lea nimmt die Plastiktüte und sagt zu Marie: „Das haben wir ganz schnell!"

Sie läuft zum Spielplatzrand, wo die Büsche stehen. Mit beiden Händen grabscht sie die müden grün-braunen Blätter von den Zweigen. Und die Tüte ist im Handumdrehen voll. Lea kichert: „Reingelegt. Wir können schließlich nix dafür, dass Ferdi seine Hausaufgabe nicht gemacht hat." Dann läuft sie mit Marie hinüber zum Bolzplatz. Ferdi steht im Tor, der Ball liegt mitten auf dem Rasen.
Da fackelt Lea nicht lange, nimmt Anlauf und schießt den Ball mit aller Kraft in Richtung Tor. Leider geht er aber nicht rein, sondern knallt volle Kanne an den Pfosten. Von dort springt er zurück und rollt Marie vor die Füße. Die tritt dagegen. Janis schreit: „Her zu mir!" Der Ball fliegt quer über den Platz und dann zu Lea. Es macht allen einen Riesenspaß. Bis es vom Kirchturm vier Uhr schlägt.

„Mist!", sagt Ferdi und schnappt den Ball. „Ich muss heim. Hausis machen!" Er greift nach der Blättertüte … „Ey", protestiert er, „da sind ja nur olle Blätter drin! Ihr habt mir versprochen, dass ihr für mich die Herbstfrüchte sammelt!"
Lea schüttelt den Kopf: „Versprochen haben wir gar nix. Außerdem war es nur ein Spiel!"
„Trotzdem gemein!", sagt Ferdi, „voll reingelegt habt ihr mich. Jetzt muss ich das auch noch machen."
Lea sieht in sein jammriges Gesicht und da tut er ihr doch ein bisschen leid. „Weißt du was!", sagt sie großzügig. „Ich hab eine ganze Schachtel voll Zapfen und Nüsse gesammelt. Wenn du mitgehst, dann geb ich dir was davon ab!"
Damit ist Ferdi natürlich total einverstanden!

Lea Wirbelwind hat einen schlechten Tag

und die besten Freunde der Welt

Als Lea heute aufwacht, springt sie nicht wie sonst mit beiden Beinen aus dem Bett. Sie steht ganz langsam auf und bewegt sich wie im Traum. Als sie endlich ihre Strumpfhose anhat, kuschelt sie sich kurzerhand auf den kleinen Teppich und bleibt einfach liegen. Zu gern würde sie noch ausruhen.

„Was trödelst du heute so, Lea-Kind?", fragt Mama, „geht's dir nicht gut?"

Lea rappelt sich auf und zuckt mit den Schultern.

„Hast du Bauchweh?", fragt Mama weiter. „Oder Kopfweh?"

„Weiß nicht!", sagt Lea. „Ich bin irgendwie lommelig!"

Mama lacht. „Was ist denn lommelig?", fragt sie.

„Lommelig ist lommelig!", sagt Lea.
Mama fasst Lea an die Stirn. „Na, so ganz fit scheinst du mir aber nicht zu sein!", sagt sie und schiebt ihr das Fieberthermometer in den Mund.
„Was sagt es?", fragt Lea, als das Thermometer piept, und Mama antwortet: „Kein Fieber! Aber vielleicht brütest du ja trotzdem etwas aus."
„Was soll ich denn ausbrüten?", fragt Lea. „Etwa ein Küken?"
Mama lacht. „Ich denke eher an einen dicken Schnupfen oder so!", sagt sie.
„Da würde mir ein Küken besser gefallen!", antwortet Lea. Nachdem sie ihren Kakao getrunken hat, fühlt sie sich besser.
„Mach auf jeden Fall ein bisschen langsamer heute", mahnt Mama. „Und wenn es dir schlechter geht, sag Frau Schmitt Bescheid. Dann hol ich dich ab."
„Klar!", sagt Lea. „Mach ich alles!", und trottet davon.

In der großen Pause hält Marie Lea das Pferdchenseil hin. „Machst du das Pferd?", fragt sie Lea. Aber Lea ist heute nicht danach, als wildes Pferd über den Schulhof zu rennen.
„Ich weiß nicht …", sagt sie langsam. Da dreht sich Marie um und gibt das Pferdchenseil kurz entschlossen Angelina. Sie bindet es Angelina um den Bauch, und die zwei rennen los.
Lea setzt sich auf die Holzbank und sieht zu, wie die beiden Freundinnen über den Hof laufen.
„Blöder Tag heute!", denkt sie. Die nächste Stunde ist Sport. Das ist Leas Lieblingsfach! Als Frau Schmitt das Trampolin rausholt, freut sich Lea. Hüpfen tut sie besonders gern. Und natürlich kann sie das gut.
Aber was ist das? Leas Beine sind heute wie Pudding. Sie verliert das Gleichgewicht und kippt auf dem Trampolin um. So etwas ist Lea Wirbelwind noch nie passiert.
Als sie danach vor der großen Matte stehen und Purzelbäume schlagen sollen, stellt sich Lea ganz hinten an.

„Mein Kopf will heute nicht purzeln", sagt sie zu Angelina, „der ist irgendwie dick!"
Die guckt sie mit großen Augen an. „Aber aussehen tut er wie immer!", antwortet sie.
„Zum Glück!", murmelt Lea und schafft den Purzelbaum dann auch.
Jetzt ist die Stunde fast vorbei und Frau Schmitt macht das Schlussspiel „Feuer, Wasser, Sturm". Wenn Frau Schmitt „Feuer" ruft, muss jedes Kind, so schnell es kann, in eine Ecke laufen. Ruft Frau Schmitt „Sturm", müssen sich die Kinder flach auf den Boden legen. Bei „Wasser" sollen sie, so schnell sie können, auf die Sprossenwand klettern. Damit sie nicht vom Wasser erwischt werden, ist ja klar.
Das Kind, das jeweils das letzte ist, scheidet aus und muss sich auf die Bank setzen. Wer zum Schluss übrig bleibt, ist der Sieger.
Lea hat schon ein paar Mal gewonnen. Sie ist immer bei den Schnellsten und hat auch schon mindestens zweimal Ferdi an der Sprossenwand überholt.

„Wasser", ruft Frau Schmitt. Die Kinder rasen zur Sprossenwand und nichts wie hinauf.
Lea will auch rennen. Aber der Pudding ist immer noch in ihren Beinen und irgendwie ist er jetzt auch im Kopf. Lea ist die Letzte, die bei der Sprossenwand ankommt.
„Oh Lea!", sagt Frau Schmitt.
„Diesmal hat es dich erwischt! Du bist raus!"
Lea kann es nicht fassen. Als Erste ausgeschieden? Das ist ihr noch nie passiert.
Ganz langsam geht sie zur Bank und setzt sich hin. Sie sieht zu, wie die andern Spaß haben, und fühlt sich selber klein und mies. Eigentlich will sie nur nach Hause. Zum Glück ist es die letzte Stunde.

Als Lea heimkommt, hat sie nicht nur einen schweren Kopf und Gummibeine, sie hat auch Halsweh beim Schlucken, und die Nase läuft. Mama sieht auf den ersten Blick, dass Lea krank ist. Sie packt sie ganz schnell ins Bett.
„Schlaf ein bisschen, dann geht es dir bald wieder besser", tröstet sie.
Lea nickt und kuschelt sich ein. Sie schläft den ganzen Nachmittag und dann gleich noch die Nacht durch.
Als Lea am nächsten Morgen die Augen aufschlägt, fühlt sie sich schon viel besser. „Ich bin wieder gesund!", ruft sie und setzt sich an den Bettrand. „Kann ich in die Schule?"
Mama schüttelt den Kopf. „Nur langsam! Heute bleibst du auf jeden Fall noch zu Hause. In die Schule gehst du erst, wenn es dir wieder richtig gut geht!", entscheidet sie.
Da setzt sich Lea hin und sieht sich ihre Bücher an. Als sie alle durch hat, fängt sie von vorne an. Sie blättert vor und zurück und guckt Löcher in die Luft.

„Kranksein ist ja schon ziemlich langweilig", mault sie vor sich hin. Und sie denkt an die Kinder in ihrer Klasse. Was die jetzt wohl grade machen?

Am Nachmittag darf Lea schon wieder ein bisschen aufstehen. Sie beschließt, für ihre Pferde eine Koppel aus Legosteinen zu bauen. Dabei muss sie immer wieder an die Schule denken. Vor allem an gestern. Es war ein zu blödes Gefühl, als sie beim Feuer-Wasser-Sturm-Spiel als Erste rausmusste. Ganz allein saß sie da. Keiner hat sie getröstet. Genauso wenig wie in der großen Pause beim Pferdchenspiel. Marie hat sich kein bisschen um sie gekümmert, sondern einfach Angelina als Pferd genommen. Irgendwie gemein.

Bestimmt hatten die beiden heute Morgen in der Schule zusammen jede Menge Spaß.
Vielleicht haben sich Marie und Angelina ja sogar für den Nachmittag zum Spielen verabredet.
Lea weiß nicht, ob sie wütend sein soll oder traurig. Außerdem hat sie immer noch einen schweren Kopf. Sie legt sich wieder auf ihr Bett. Wer weiß, wann sie wieder in die Schule kann.
In diesem Augenblick klingelt es. „Wahrscheinlich jemand für Mama", denkt Lea und horcht hinaus. Aber nein. Die Kinderzimmertür geht auf, und da stehen Marie, Angelina und Ferdi.
„Wir machen einen Krankenbesuch", platzt Ferdi direkt raus. „Wie bei meiner Oma, die liegt im Krankenhaus."
Lea muss lachen. „Ich bin aber keine Oma und hier ist auch kein Krankenhaus!", sagt sie.
„Trotzdem!", sagt Marie leise. „Das war meine Idee!" Sie legt ein Tütchen Hustenbonbons auf Leas Bett. „Wollte ich dir bringen. Damit du schnell wieder gesund wirst!"

Lea strahlt.

Angelina zeigt ein Blatt Papier, auf dem ein großes M steht. „Wir haben heute noch mal das große M geübt", sagt sie. „Du kannst es ausmalen, wenn es dir wieder besser geht, sagt Frau Schmitt."

„Aber nur dann!", fügt Ferdi hinzu, und Lea sieht, wie er nach der Bonbontüte schielt. Sie reißt sie auf und verteilt sie auf vier kleine Häufchen auf der Bettdecke.

„Für jeden was!", sagt sie. „Ihr seid echt die besten Freunde der Welt!"

Ferdi grabscht nach seinem Anteil. „Find ich auch!", lacht er und hat schon das erste Bonbon im Mund.

Seit **Christine Merz** ihre Tätigkeit als Chefredakteurin bei „kindergarten heute" aufgegeben hat, um mehr Zeit fürs Schreiben zu haben, verlaufen ihre Tage noch wirbeliger als vorher. Denn neben all den wundervollen Geschichten, die Christine Merz schreibt, spukt ihr – nach wie vor – vor allem ihre Figur der „Lea Wirbelwind" durch den Kopf. Wer Lea kennt, weiß es: Dieses quirlig-selbstbewusste Mädchen lässt so leicht nicht locker. So war es nur eine Frage der Zeit, bis Christine Merz die neuen Abenteuer, die Lea ihr eingeflüstert hat, auch endlich aufgeschrieben hat.

Betina Gotzen-Beek hat Lea ihr quirliges Aussehen gegeben. Und auch ihr ist dieser Wirbelwind ganz besonders ans Herz gewachsen. So war sie sofort mit Begeisterung dabei, als es darum ging, die beliebte Bilderbuchfigur nun ein bisschen älter werden zu lassen und in die Schule zu schicken …

Zwei pupslustige Geschichten von Teo Dorant

ISBN 978-3-451-71169-5

Bei der Grüne-Bäume-Wald-Olympiade zu verlieren, findet Teo stinkesockendoof. Doch mithilfe seiner Freunde stellt er fest, dass jeder etwas besonders gut kann ... und dass seine Stinktierpupse manchmal echt nützlich sind.

KeRLE
www.kerle.de

Voller Vorfreude bereiten sich Teo Dorant
und seine Freunde auf den Musikwettbewerb vor.
Doch kurz vor dem Wettbewerb sind plötzlich
alle Instrumente weg. Ob da wohl die unheimlichen
Gespenstermonster dahinterstecken?
Da entwischt Teo ein Pups, und plötzlich
hat er die rettende Idee…

Im Grüne-Bäume-Wald ist immer etwas los. Diese abenteuerlustigen Tiere sorgen im Buch und in der APP für Jubel, Trubel, Spaß und Spannung:

Nur 3,99 €
Jetzt downloaden unter:

Teo Dorant ist ein schwarz-weiß gestreiftes Stinktier mit puscheligem Schwanz. Teo liebt Stinkereien über alles. Je stinkiger, desto besser. Seine Spezial-Stinkbomben-Pupse sind Waldmeisterklasse und gelegentlich auch unglaublich nützlich, denn sie duften herrlich würzig nach verfaulten Eiern, Schweißfußsocken und ranzigem Käse.

Johannis Bär ist ein Waschbär und Teos bester Freund. Wenn die beiden zusammen sind, gibt es immer etwas zu lachen. Johannis Bär isst für sein Leben gern. Am liebsten mag er Beeren, vor allem Johannisbeeren.

Rhabarbera Biber mag im Gegensatz zu Teo Wasser am allerliebsten. Sie ist die beste Schwimmerin im Grüne-Bäume-Wald und sorgt dafür, dass Teo tritschtröpfelnass wird.

Karlotte Kaninchen kann es nicht ausstehen, wenn andere traurig sind. Sie ist außerdem sehr schnell, aber auch eine sehr große Angsthäsin.

Erasnus Grauhörnchen, der Waldheld im Klettern, mag Nüsse besonders gern. Schnell wie ein grauer Pfeil flitzt er durch das Laub der Bäume. Auf dem Erdboden ist er nur unterwegs, wenn es nicht anders geht. Manchmal schummelt er auch – aber, pst, das ist sein Geheimnis.

König Derius, der majestätische Hirsch, ist der Herrscher des Waldes. Er ist sehr schlau und in vielem besonders gut, aber in manchen Dingen sind Teo und die anderen Tiere einfach besser.

Amup, der Puma, ist ein übler Geselle, der einfach kein Pflanzenfresser werden will. Am liebsten isst er saftige Waldtierhäppchen. Doch er hat nicht mit Teo und seinen Freunden gerechnet.

Wühli Wildschwein ist ein echt wildes Wildschwein mit super viel Kraft. Wie Teo macht er sich gerne schmutzig, und ein Schlammbad ist für ihn das Allerschönste.

Schnella Schnecke ist die Enkelin einer Rennschnecke. Sie ist neu im Grüne-Bäume-Wald. Ihr Schneckenschleim ist sehr vielseitig einsetzbar. Sie benutzt ihn als Klebstoff oder Glibbergleiter zum schnelleren Laufen.